Das Verhältnis von Kirche und Staat in der Bundesrepublik

Von

Professor Dr. P a u l M i k a t
Kultusminister des Landes Nordrhein-Westfalen

Vortrag
gehalten vor der
Berliner Juristischen Gesellschaft
am 5. Juli 1963

Berlin 1964

WALTER DE GRUYTER & CO.
vormals G. J. Göschen'sche Verlagshandlung · J. Guttentag, Verlagsbuchhandlung
Georg Reimer · Karl J. Trübner · Veit & Comp.

Archiv-Nr. 2 727 63 9

Satz und Druck: ❦ Saladruck, Berlin 65

Das Verhältnis von Kirche und Staat in der Bundesrepublik

I.

1. Im Gegensatz zur Weimarer Nationalversammlung, die sich eingehend mit dem Verhältnis von Kirche und Staat befaßte und deren Beratungen noch heute eine Fülle von grundlegenden Erkenntnissen über das Verhältnis von Kirche und Staat vermitteln, verzichtete der Parlamentarische Rat auf eine eingehendere und grundsätzliche Auseinandersetzung mit diesen Fragen; er sah von einer bundesrechtlichen Neuregelung des Staatskirchenrechts ab. Es waren damals ebenso die Zweifel, ob und inwieweit eine Zuständigkeit des Bundes für eine Neuregelung im Verhältnis gegenüber den Ländern, die zu einem großen Teil bereits in den neuen Landesverfassungen das Staatskirchenrecht geregelt hatten, bejaht werden könne, wie auch die Problematik der Neuregelung selbst, die den Parlamentarischen Rat zu dieser gesetzgeberischen Selbstbeschränkung bestimmten. Die Rezeption der kirchenpolitischen Vorschriften der WeimRV war unter diesen Umständen eine Verlegenheitslösung; Art. 140 GG ist nach *R. Smend* „nicht weit entfernt vom Typus der sog. Formelkompromisse". Aber doch war es — wie die Entwicklung der Staatskirchenrechtswissenschaft bis heute zeigt — eine verständliche und nicht unüberlegte Selbstbeschränkung, da die Bestimmung des nach 1945 gewandelten Verhältnisses von Kirche und Staat außerordentlich schwierig ist und bis heute nicht zu völlig gesicherten Ergebnissen geführt hat.

Mit dieser Übernahme der staatskirchenrechtlichen Kodifikation der WeimRV führt nicht nur die für das Staatskirchenrecht so wichtige Kontinuität der Rechtsentwicklung, sondern vor allem die verfassungsrechtliche Regelung des GG selbst — wie übrigens auch die der meisten Landesverfassungen, die

1 Mikat, Verhältnis

2

mit mehr oder weniger bedeutsamen Ergänzungen ebenfalls an die WeimRV anknüpfen — auf die WeimRV zurück. Bei ihrem kirchenpolitischen System muß eine Bestimmung des heutigen Verhältnisses von Staat und Kirche, wie sie im folgenden versucht werden soll, ihren Ausgang nehmen.

2. Entsprechend der Bedeutung des im Jahre 1918 eingetretenen Wandels im Staatskirchenrecht ist zum Verständnis des Weimarer kirchenpolitischen Systems ein kurzer Blick auf das bis dahin bestehende kirchenpolitische System der *Staatskirchenhoheit* zweckmäßig. Es verdient hervorgehoben zu werden, daß die Staatskirchenhoheit nicht auf der öffentlich-rechtlichen Stellung der Kirchen — die lediglich e i n Ausfluß der privilegierten Stellung der Kirchen war —, sondern auf der engen Verbundenheit des Staates mit den Kirchen als L a n d e s k i r c h e beruhte, an deren Existenz und Aufgabe er ein eigenes Interesse hatte und die in den meisten Ländern nach wie vor in den Staat eingegliedert oder, wie es in der Terminologie des Allgemeinen Landrechts hieß, „öffentlich aufgenommen" waren.

a) Hieraus leitete der Staat das Recht zur besonderen Kirchenaufsicht her, die dazu diente, unter dem Gesichtspunkt des öffentlichen Interesses die ordnungsmäßige Aufgabenerfüllung der Kirchen in ihren äußeren Angelegenheiten sicherzustellen. Für Preußen darf etwa auf die Gesetze über die Anstellungsvoraussetzungen für Geistliche, über die kirchliche Vermögensverwaltung, die weitgehende staatliche Mitwirkung bei der Errichtung und Auflösung von Parochien, für andere Länder, z. B. Bayern und Braunschweig, auf die Kontrolle der kirchlichen Gesetzgebung durch das staatliche Placet verwiesen werden.

b) Zugleich war kennzeichnend für das System der Staatskirchenhoheit die Imparität zugunsten der Kirchen, die wiederum auf eine rein staatliche Sicht der Kirchen zurückging: je nach den konfessionellen Verhältnissen im Land begünstigten die meisten Staaten die eine oder die andere Kirche und unterschieden sie in der Regel von den übrigen Religionsgemeinschaften. In mehreren Ländern (z. B. Mecklenburg-Schwerin, Mecklenburg-Strelitz, Lübeck und Thüringen) waren 1918 je-

weils nur die evangelischen Landeskirchen als öffentlich-rechtliche Körperschaften anerkannt, während die katholische Kirche
diese Rechtsstellung erst auf Grund der WeimRV erwarb. In
Bayern war bis 1918 allen kleineren Religionsgemeinschaften
(sog. Privatkirchengesellschaften) lediglich freier Privatgottes-
dienst, nicht aber die Rechtsfähigkeit eingeräumt. Preußen
kannte seit dem Wöllnerschen Religionsedikt allerdings schon
volle Parität zwischen den Kirchen und führte durch das Religionsedikt von 1847, vor allem aber durch die Pr. VU 1850
grundsätzlich auch die Parität im Verhältnis der Kirchen und
Religionsgesellschaften ein; damit zählte Preußen zu den Ländern mit dem fortschrittlichsten Staatskirchenrecht, das es erst
im Kulturkampf politischen Zweckmäßigkeitserwägungen
opferte und das danach den freiheitlichen Geist von 1850 bis
zum Ende der Monarchie nicht wieder erreichte.

Dieses System der Staatskirchenhoheit mit seinen beiden
typischen Erscheinungsformen — der besonderen Staatsaufsicht
über die Kirchen und der Imparität im Verhältnis der Kirchen
zueinander — war mit der durch die WeimRV gewährleisteten
religiösen Neutralität und Parität, erst recht mit dem allen
Religionsgesellschaften gewährleisteten Selbstbestimmungsrecht
unvereinbar.

3. Die WeimRV beseitigte die bisherige enge Bindung der
Kirchen an den Staat, staatliche und kirchliche Aufgaben waren
fortan verschieden. Die Kirchen nahmen ihre Angelegenheiten
selbständig und unabhängig vom Staat, wie jede andere Reli-
gionsgesellschaft, wahr. Das war *Trennung von Staat und Kirche*,
aber doch ein Trennungssystem *eigener Art*. Mit ihm war zwar
die volle Selbständigkeit der Kirchen im Rahmen der allgemeinen Gesetze sichergestellt und die Grundlage für die bisher
geübte besondere Staatsaufsicht entfallen. Die Monopolstellung
der Kirchen und der christliche Charakter des Staates, wie er
noch in Art. 13 Pr. VU 1850 zum Ausdruck kam, waren beseitigt. Anderseits sollten aber den Kirchen die überkommenen Rechte und Privilegien, soweit sie mit der religiösen
Neutralität des Staates vereinbar waren und — um ein prak-
tisches Kriterium zu nennen — theoretisch für alle anderen

Religionsgesellschaften denkbar wären, erhalten bleiben. Dazu gehörten vor allem die Staatsleistungen, die vermögens- und strafrechtlichen Schutzrechte (Garantie des Eigentums und Religionsdelikte) und die Anerkennung der Stellung der Kirchen als Körperschaft des öffentlichen Rechts. Der Versuch, diesen Widersprüchen durch die einprägsame, aber letztlich nicht ganz befriedigende Bezeichnung „hinkende Trennung" oder „durch Ausnahmen gemilderte Trennung" gerecht zu werden, zeigt die große Schwierigkeit, einen treffenden Ausdruck für dies eigenartige System zu finden.

Der Wegfall der Staatskirchenhoheit, wie ihn vor allem *G. J. Ebers* ausführlich begründete, wurde im Schrifttum und in der Rechtsprechung ganz überwiegend nicht anerkannt. Die herrschende Auffassung leitete den Fortbestand der Staatsaufsicht über die Kirchen aus ihrer öffentlich-rechtlichen Stellung her, indem sie davon ausging, daß die den Kirchen gewährleistete Stellung als öffentlich-rechtliche Körperschaften zwangsläufig eine gesteigerte Staatsaufsicht zur Folge habe (Korrelatentheorie). Hinzu trat die Erwägung, daß es sich bei der von den Kirchen als öffentlich-rechtliche Körperschaft ausgeübte Hoheitsgewalt um delegierte Staatsgewalt handle und der Staat darum nicht nur berechtigt, sondern auch verpflichtet sei, dafür Sorge zu tragen, daß diese delegierte Gewalt in rechter Weise gebraucht wird. Beide Argumente führten m. E. deshalb zu einer unzutreffenden Ausweitung der Staatsaufsicht über die Kirchen, weil die Grundlagen ihrer öffentlich-rechtlichen Stellung verkannt wurden.

Man übersah, daß den Kirchen mit der Anerkennung als öffentlich-rechtliche Körperschaften nicht insgesamt ein materieller Rechtsstatus als öffentlich-rechtliche Körperschaft verliehen wurde, sondern ihre Anerkennung als Körperschaft des öffentlichen Rechts, wie die Entstehungsgeschichte des Art. 137 WeimRV ergibt, nur den Fortbestand der überlieferten öffentlichen Rechte und Privilegien sicherte. Schon die Weimarer Nationalversammlung scheiterte an der Bemühung, einen materiellen Begriff der Körperschaft des öffentlichen Rechts zu bestimmen; man war sich darüber im klaren, daß der Begriff nur

formale Bedeutung haben könne. Die aus der — im Ansatz
durchaus berechtigten — Gegenüberstellung von Rechten und
Pflichten von der herrschenden Auffassung gefolgerte besondere
Staatsaufsicht konnte sich daher nur auf solche kirchliche Angelegenheiten beziehen, bei denen die Kirchen tatsächlich öffentlich-rechtliche Befugnisse ausüben, wie z. B. bei den Kirchen-
steuern oder im Friedhofsrecht. Der Status als öffentlich-rechtliche Körperschaft konnte dagegen keine allgemeine Staatsaufsicht, etwa über die gesamte Vermögensverwaltung, begründen.
Wenn im Pr. Gesetz von 1924 über die Verwaltung des katholischen Kirchenvermögens die kirchengemeindliche Vermögensverwaltung bis ins kleinste, einschließlich der Zusammensetzung
des Kirchenvorstandes, geregelt wurde, so war dies nicht mit
einer notwendigen Aufsicht des Staates über die Ausübung
öffentlich-rechtlicher Befugnisse der Kirchen zu rechtfertigen,
sondern beruhte auf der Annahme einer umfassenden staatlichen Aufsicht über die Erfüllung kirchlicher Aufgaben, wie sie
dem früheren System der Staatskirchenhoheit geläufig war.
Seit der grundsätzlichen Trennung von Staat und Kirche war
dies jedoch nicht mehr zu rechtfertigen und mit der Gewähr-
leistung des kirchlichen Selbstbestimmungsrechts unvereinbar.
Die Kirchen standen dem Staat nach der WeimRV im Prinzip
nicht anders als alle anderen öffentlich-rechtlichen und privat-
rechtlichen Religionsgesellschaften gegenüber, über die der Staat
nur die allgemeine Staatshoheit ausübt. Aus der Staatskirchenhoheit war die *Religionshoheit* geworden, die umfassende besondere Staatsaufsicht über die Kirchen hatte sich zur Religions-
aufsicht verflüchtigt, die zunächst nur die allgemeine Vereins-
aufsicht umfaßte.

Eine darüber hinaus gehende besondere Staatsaufsicht über
die Kirchen gab es weder aus der angeblichen Kirchenhoheit als
dem Inbegriff der „unveräußerlichen" iura circa sacra, da diese
mit der Trennung von Kirche und Staat entfallen war, noch aus
der staatlichen Körperschaftsaufsicht, da die Kirchen keine
öffentlich-rechtlichen Körperschaften im materiellen Sinn waren.
Aufsichtsbefugnisse über Kirchen und Religionsgesellschaften in
ihrer Eigenschaft als Körperschaften des öffentlichen Rechts
standen dem Staat nur insoweit zu, als sie im einzelnen öffent-

lich-rechtliche Befugnisse ausübten. Diesen Restbestand an zulässiger Staatsaufsicht als Staatshoheit zu bezeichnen, war mißverständlich, da es eine allgemeine und umfassende staatliche Hoheit über die Kirchen ebensowenig wie über die sonstigen Religionsgesellschaften gab.

II.

Konnte die überkommene Stellung der großen Kirchen in der WeimRV nur um den Preis gesichert werden, daß sie rechtlich auf eine Stufe mit anderen Religionsgemeinschaften oder gar Weltanschauungsvereinen gestellt wurden, denen der öffentliche Status schon früher zuerkannt war oder künftig zugesprochen würde, so sollte dann die weitere Entwicklung die Rechtsstellung der Kirchen aber außerordentlich stärken, sie wesentlich aus den übrigen öffentlich-rechtlichen Religionsgemeinschaften herausheben, wodurch das Staatskirchenrecht diejenige Gestalt gewann, welche der Verschiedenheit des religiösen und sozialen Einflusses der Religionsgemeinschaften auf das Volk gerecht wird.

1. Schon die *Gesetzgebung in den Ländern* machte dies deutlich, indem sie die Rechtsverhältnisse der Kirchen und Religionsgemeinschaften nicht einheitlich und gleichberechtigt regelt. Das im Jahre 1924 in Württemberg ergangene Gesetz über die Kirchen einerseits und die etwa gleichzeitig ergangene Verordnung über die Religionsgesellschaften andererseits wiesen wesentliche Unterschiede auf. In Preußen wurde die Staatsaufsicht über die Verwaltung der evangelischen und katholischen Kirche durch die Gesetze von 1924 — wenn auch nicht in einer der WeimRV gemäßen Weise, so doch immerhin fortschrittlicher als früher — geregelt, während die Rechtsstellung der sonstigen Religionsgesellschaften ungeklärt blieb, da der zur Ausführung des Art. 137 Abs. 5 WeimRV bestimmte Gesetzentwurf des Staatsministeriums 1924 an zahlreichen Einwendungen des Staatsrats scheiterte. Immerhin behielt auch Preußen im Vergleich zu kleineren Ländern in seiner Gesetzgebung sich recht weitgehende Aufsichtsbefugnisse vor, die allerdings in der Theorie offensichtlich eingreifender erschienen, als es der Praxis entsprach.

Die von Anschütz zur Rechtfertigung der Staatskirchenhoheit dem Staat unterstellte Befürchtung, daß er die Kirchen „von seinem Standpunkt aus für fähig zum Guten gleich wie zum Bösen halte", scheint die Weimarer Verwaltungspraxis jedenfalls nicht in letztem Sinne bestätigt gesehen zu haben.

2. Die nach der Säkularisation von den großen Staaten mit der Kurie geschlossenen Verträge forderten außerdem eine Anpassung dieses Vertragsrechts an die neuen tatsächlichen und rechtlichen Verhältnisse. Die entscheidende Neuerung war dabei, daß nicht nur die vermögensrechtlichen Beziehungen zum Staat, sondern wesentliche Fragen der öffentlich-rechtlichen Stellung der Kirchen im Staat geregelt wurden. In den *drei Länderkonkordaten* von Bayern, Preußen und Baden mit dem Hl. Stuhl wurde das Verhältnis der betreffenden Länder zur katholischen Kirche grundsätzlich geordnet und ihr der öffentlich-rechtliche Status gewährleistet, andererseits mit Rücksicht auf die neugeregelten Bistumsdotationen und die Zusicherung der sonstigen Staatsleistungen dem Staat über die Mindestordnung der WeimRV hinaus wieder ein starker Einfluß namentlich auf die Errichtung und Verleihung von Kirchenämtern eingeräumt.

Ihnen folgten mit ähnlichem Inhalt die *Kirchenverträge* Bayerns und Preußens mit den evangelischen Kirchen und schließlich das *Reichskonkordat*. Dieses wollte das Verhältnis zwischen der katholischen Kirche und dem Staat für den Gesamtbereich des Reiches in einer beide Teile befriedigenden Weise dauernd regeln, deshalb die in Reichsrecht überführten Länderkonkordate ergänzen, und auch für die übrigen Länder eine in den Grundsätzen einheitliche Behandlung der einschlägigen Fragen sicherstellen. Zu einer ähnlichen einheitlichen Regelung mit den evangelischen Kirchen ist es nicht gekommen, da der Versuch des Nationalsozialismus, zu einer angeblich „echten Ordnung" von Staat, Kirche und Volk zu gelangen, an dem Widerstand der Bekennenden Kirche gegenüber dem Totalitätsanspruch des Staates scheiterte.

Mit dieser vertraglichen Regelung verschiedener grundlegender, über formale Fragen hinausgehender materieller Rechtsbeziehungen zwischen Staat und Kirche begann noch in der Weimarer Epoche die Zeit des sog. Vertragskirchenrechts, die schon in den Anfängen ein verändertes staatliches Verständnis der gegenseitigen Beziehungen erkennen läßt. Durch die Konkordate und Kirchenverträge waren die Kirchen in ihrem öffentlichen Status mit den herkömmlichen Vorrechten und Privilegien und ihren Einrichtungen in ihrer staatsrechtlichen Stellung als Körperschaften des öffentlichen Rechts *vertragsgesichert,* damit aus dem Kreis der sonstigen Religionsgemeinschaften des öffentlichen Rechts herausgenommen und gegen eine Änderung über die Verfassungsgarantie hinaus völkerrechtlich — soweit es sich um die katholische Kirche handelt — bzw. staatsrechtlich — soweit es sich um die evangelischen Kirchen handelt — geschützt. Die faktische Entwicklung ging hier über die Staatsrechtslehre hinweg, die die Entwicklung erst allmählich nachvollzog und zunächst noch mit gewichtigen Stimmen annahm, daß die Verträge mit den Evangelischen Landeskirchen Verwaltungsverträge seien. Die bayerische Regierung sprach in bezug auf die Bayerischen Kirchenverträge von 1924 von Staatsv e r w a l t u n g s verträgen. Die Lehre geriet, wie sich hier zeigt, zwangsläufig in Widerspruch mit ihrer Auffassung, nach der die Kirchen innerstaatliche, dem Staat untergeordnete Verbände waren; tatsächlich waren die Kirchen aber durch die Verträge unter der WeimRV bereits als dem Staat gleichgestellte Rechtsträger anerkannt.

Zugleich war den Kirchen durch den Abschluß der Konkordate und Kirchenverträge die durch den Wortlaut der WeimRV beseitigte Vorrangstellung in gewisser Weise wieder eingeräumt und so die Gefahr einer allmählichen Gleichstellung mit den verschiedensten Weltanschauungsvereinen (z. B. Freireligiöse Verbände und Freidenkerverbände), die öffentliche Körperschaftsrechte erhalten, gebannt. Als Gegenleistung räumten die Kirchen dem Staat in freiwilliger Beschränkung ihres verfassungsrechtlich anerkannten Selbstbestimmungsrechts ihrerseits wieder eine Reihe von Mitwirkungsrechten ein.

Somit läßt sich das *kirchenpolitische System,* das vom Weimarer Kompromiß eingeleitet, durch die Konkordate und Kir-

chenverträge der Länder weiterentwickelt und durch das Reichskonkordat zum vorläufigen Abschluß gebracht worden war, wie
folgt umschreiben:

Vertragliche Sicherung der schon verfassungsmäßig gewährleisteten Rechte der Kirchen auf Freiheit und Selbstbestimmung
und ihres öffentlichen Status in der Rechtsfigur einer Körperschaft des öffentlichen Rechts mit den überkommenen Vorrechten und Privilegien auf dem Boden der Gleichordnung; damit
Heraushebung aus den übrigen Religionsgemeinschaften des
öffentlichen Rechts und Wiederherstellung des kirchlichen Vor-
ranges; grundsätzliche Trennung von Staat und Kirche unter
klarer Abgrenzung des staatlichen und kirchlichen Bereichs
und Anerkennung der gegenseitigen Unabhängigkeit und Selbständigkeit, aber zugleich Wiederanbahnung einer engeren Ver-
bindung zu vertrauensvoller Zusammenarbeit im Interesse nicht
zuletzt auch des staatlichen Wohls.

III.

1. Um die veränderte kirchenpolitische Lage der Gegenwart
zu verstehen, ist es notwendig, die *rückläufige Bewegung* unter
der Herrschaft des *Nationalsozialismus* wenigstens in kurzen
Zügen zu streifen. Nach der von Anfang an kaum aufrichtigen
Absicht des staatlichen Vertragspartners, in Fortbildung der
kirchenpolitischen Bestimmungen der WeimRV durch Sicherung
des religiösen Friedens und einvernehmliche Regelung des Verhältnisses zur katholischen Kirche deren religiös-sittliche Kräfte
der neuen Volksordnung dienstbar zu machen, beabsichtigte das
fast gleichzeitig ergangene Gesetz über die Verfassung der Deut-
schen Evangelischen Kirche vom 14. Juli 1933 das Ziel einer
„echten Ordnung" von Staat, Kirche und Volk, in Überwin-
dung des Weimarer Systems durch eine weitgehende Verschmel-
zung zunächst mit der evangelischen Kirche zu erreichen, das
sich bald als Anmaßung und Gleichschaltung erwies. Den ent-
schiedenen Widerstand der Bekennenden Kirche suchte der
Staat als „Treuhänder" durch eine Reihe von Gesetzen zu
brechen, die für die evangelische Kirche eine Art neuen Staatskirchentums schufen und durch ein diktatorisches Verordnungs-

10

recht des Reichskirchenministers sogar die „iura in sacra" einer vergangenen Zeit, Verfassung und Lehre der Kirche, für den Staat in Anspruch nahmen. Für die katholische Kirche aber wurde durch Verwaltungsmaßnahmen und staatskirchenhoheitliche Aufsichtsrechte, je länger je mehr, ein beträchtlicher Teil der Konkordatsbestimmungen durch „Vertragsumdeutung, Vertragsumgehung, Vertragsaushöhlung und Vertragsverletzung" praktisch außer Kraft gesetzt.

Der anfänglichen „Entpolitisierung" der Kirchen folgte dann — gleichsam zwangsläufig — die „Entkonfessionalisierung" des öffentlichen Lebens, weil ein Wirken der Kirchen in der Öffentlichkeit die Volksgemeinschaft gefährde. Durch Aufhebung der konfessionellen Jugendverbände, Beseitigung der Bekenntnisschule, Ersetzung des Religionsunterrichts durch einen politischen Weltanschauungsunterricht, Verweltlichung der Wohlfahrts- und Krankenpflege, Abbau der finanziellen Leistungen des Staates, Kirchenaustrittspropaganda usw. sollte das Wirken der Kirchen aus der Öffentlichkeit verdrängt und auf den Kirchenraum beschränkt werden, eine Tendenz, die mehr und mehr in offenem Kirchenkampf auf Entchristlichung des öffentlichen Lebens überhaupt, ja letztlich auf die völlige Entrechtung der Kirchen abzielte, wie sich inzwischen bereits in dem unterworfenen Österreich und Warthegau zeigte, wo eine radikale Trennung durchgeführt und die Kirchen auf die Stufe privater Vereinigungen unter strenger Polizeiaufsicht herabgedrückt wurden. Gerade die nationalsozialistische kirchenpolitische Praxis zeigte aber auch den Wert einer konkordatären Bindung, die nicht so sehr in einer Garantie der kirchlichen Rechtsstellung lag, sondern — angesichts der zahlreichen Konkordatsverletzungen — die kirchenfeindlichen Maßnahmen des Staates auch völkerrechtlich in Erscheinung treten ließ.

2. Die *Neugestaltung* der staatskirchenrechtlichen Verhältnisse *nach* dem Zusammenbruch hat die kirchenfeindlichen Gesetze beseitigt und durch die Anlehnung der Länderverfassungen an die Artikel der WeimRV und deren Rezeption durch das GG das frühere Staatskirchenrecht wieder aufleben lassen. Und doch kann es sich hierbei nicht um die bloße Wiederher-

stellung der früheren kirchlichen Rechtsstellung als Wiedergutmachung erlittenen Unrechts handeln. Sowohl das veränderte Selbstverständnis des Staates, die Neuformung seiner Grenzen und die Selbstbeschränkung seiner Macht auf den ihm zukommenden Bereich, als auch die veränderte Stellung der Kirchen haben einen derartigen Umsturz der Verhältnisse zur Folge gehabt, die dem bisherigen staatskirchenrechtlichen System zugrundelagen, daß *A. Köttgen* mit Recht von einer „Auswechslung des verfassungsrechtlichen Hintergrundes" hat sprechen können. Vor allem *R. Smend* hat frühzeitig betont, daß „angesichts der veränderten Lage der Dinge die wörtlich übernommenen Sätze der WeimRV in der Welt der wirklichen Geltung unbeabsichtigt, aber unvermeidlich etwas anderes besagen, als früher im Zusammenhang der Weimarer Verfassung".

Dieser Auffassung vom Bedeutungswandel des Art. 137 WeimRV in der heutigen Verfassungsordnung haben sich Rechtslehre und Rechtsprechung ganz überwiegend angeschlossen, wobei das Bundesverfassungsgericht im Konkordatsurteil (BVerfGE 6, 309) allerdings die Richtigkeit dieser Auffassung noch vorerst hat dahingestellt sein lassen. Die vor allem von *H. Krüger* gegen eine solche Verfassungsinterpretation erhobenen Bedenken, mit denen er vor einer unbedenklichen Anwendung des Satzes „ex factis ius oritur" warnt, dürften deshalb nicht durchgreifen, weil der von ihm mit Recht für die Verfassungsinterpretation als verbindlich bezeichnete objektive Wille des historischen Gesetzgebers nicht der Wille der Väter der WeimRV, sondern des Grundgesetzes ist. Das Grundgesetz hat aber in seinem Grundrechtsteil „vorstaatliche" Gegebenheiten anerkannt, die unabhängig von jeder staatlichen Rechtssetzung dem positiven Recht vorgegeben sind, und sich zu den unveräußerlichen Menschenrechten und damit zu einer über dem positiven Recht stehenden natürlichen Rechtsordnung bekannt. Die Kirchen sind in zweifacher Weise in den Grundrechtsteil einbezogen, womit sich schon aus dem Verfassungswortlaut Wichtiges für ihre veränderte Stellung im Staat ergibt: Einmal ist die Garantie der individuellen Glaubensfreiheit (Art. 4 Abs. 1 GG) und der kollektiven Kultusfreiheit (Art. 4 Abs. 2 GG) Grundlage für die von der positiven staatlichen Ordnung unabhängigen, weil ihr

vorgegebenen kirchlichen Ordnung, die den gesamten geistlichen Bereich der Glaubensfragen und des Glaubensvollzugs
umfaßt. *G. Dürig* nennt Art. 4 Abs. 2 GG zutreffend die geistig-
geistliche Charta der Kirchen. Zum andern gewährleistet Art. 19
Abs. 3 GG den Kirchen als juristische Person auch die Einzel-
grundrechte, wie etwa Informationsfreiheit, Vereinigungs-
freiheit, Eigentumsgarantie. Ob man allerdings mit dem
BVerwG im Urteil vom 8. 2 1963 (NJW 1963, 1169) so weit
gehen kann, auf Grund des Art. 19 Abs. 3 GG den Kirchen eine
der Religions- und Kultusfreiheit des einzelnen entsprechende
„ursprüngliche unantastbare Gewalt zur Regelung ihrer religiösen Angelegenheiten" zuzuerkennen, will mir zweifelhaft
scheinen, da sich die Kultusfreiheit — auch soweit sie geistes-
geschichtlich und rechtsdogmatisch nicht nur als Individual-,
sondern als Kollektivrecht verstanden wird — doch immer nur
auf die Kultushandlungen jeder Art und die öffentliche Gottes-
verehrung, also auf die Religionsausübung, nicht aber auf die
innerkirchliche Ordnung und Organisation, bezieht. Diese insti-
tutionelle Freiheit der Kirchen zur eigenständigen Ordnung
ihrer Angelegenheiten wird man vielmehr nur als durch die
engere Regelung des Staatskirchenrechts in Art. 140 GG gesichert ansehen können. Die Entscheidung des BVerwG erscheint
mir aber deswegen so bemerkenswert, weil sie in unmittelbarer
Anwendung der Grundrechte den vorstaatlichen Charakter der
Grundlagen des staatskirchenrechtlichen Systems deutlich macht.
Für alle Rechte, die durch Art. 140 GG den Kirchen gewährt
sind, jedoch nicht erst vom Staat geschaffen und verliehen sind,
sondern ihnen ihrem Wesen nach zustehen, d. h. vorstaatliche
„Grundrechte" (im weiteren Sinne) sind, die durch staatliche
Rechtsnormen im einzelnen positiviert sein mögen, müssen die
Art. 137 ff. WeimRV hiernach so ausgelegt werden, daß sie im
Einklang mit jenem „Wertsystem" ganz spezifischer Sinnhaftig-
keit stehen, wie es in den Grundrechten des Grundgesetzes ver-
körpert ist.

3. Mit der Erkenntnis, daß das Verhältnis von Kirche und
Staat unter dem Grundgesetz sich gegenüber dem Weimarer
Staatskirchenrechtssystem verändert hat — für die von
G. J. Ebers und von mir oben aufgezeigte Auslegung des Art. 137

WeimRV ist der Wandel weit weniger groß —, ist eine Ausgangsposition für die Bestimmung der heutigen staatskirchenrechtlichen Ordnung gewonnen, die im folgenden an a) dem rechtlichen Beziehungssystem von Kirche und Staat, b) der öffentlich-rechtlichen Stellung der Kirche, c) dem kirchlichen Selbstbestimmungsrecht erläutert werden soll.

a) Bei aller Verschiedenheit des katholischen und des evangelischen Kirchenbegriffs stimmen die ekklesiologischen Auffassungen doch darin überein, daß die Kirche kraft göttlicher Einsetzung ihren Heilsauftrag in dieser Welt an denen und durch diejenigen erfüllt, die Jesus Christus als endgültige Zusage der Gnade und Vergebung angenommen haben. Der Staat ermöglicht und gewährleistet dagegen das äußere menschliche Zusammenleben in dieser Welt für alle Bürger seines Staatsgebietes. Damit unterscheiden sich Staat und Kirche institutionell wie funktionell voneinander. Dennoch sind im Laufe der Geschichte immer wieder Übergriffe in die beiderseitigen Bereiche vorgekommen, die als Verletzung der natürlichen Ordnung erscheinen, sobald man die Zuordnung der Bereiche beider Mächte auf dem Boden einer gemeinsamen Ordnung sieht. Diese ergibt sich aus der Erkenntnis, daß beide Mächte ihre Daseinsberechtigung und -ordnung nicht voneinander, sondern jeder aus göttlicher Anordnung herleitet; „beide Gewalten, die geistliche und die weltliche, stammen von Gott" (Th. v. Aquin). So wie die Kirche die Unabhängigkeit und Selbständigkeit des Staates in allen rein weltlichen Angelegenheiten anerkennt, so hat auch der Staat die Unabhängigkeit der Kirchen in allen Angelegenheiten anzuerkennen, die nach ihrer Natur und ihrem Zweck der übernatürlichen geistlichen Gemeinschaft zugehören. „Weil Kirche und Staat ihre Eigengewalt haben, deshalb ist keine der beiden Gemeinschaften in der Führung und Ordnung ihrer eigenen Angelegenheiten der anderen unterworfen" (Leo XIII.). Da somit die Kirchen ihre Zuständigkeit nicht vom Staat, sondern von dem ihr von Christus aufgegebenen Wesen herleiten und umgekehrt die Zuständigkeit des Staates nicht von der Kirche, sondern von der unmittelbaren Anordnung Gottes herrührt, begegnen sich Kirche und Staat als selbständige souveräne Mächte eigenen Rechts.

14

Diese Zuordnung von Kirche und Staat ist, soweit es sich um die alleinige und höchste Zuständigkeit der Kirchen im rein geistlichen Bereich mit außerrechtlichen Mitteln handelt, zumindest seit dem Ende des Staatskirchentums, in Deutschland kaum bestritten. Das Neue am gegenwärtigen staatskirchenrechtlichen System ist aber, daß die Souveränität von Staat und Kirche jeweils in ihrem Bereich auch für die *rechtliche* Zuordnung gilt, indem die Kirchen als eine Rechtsgröße eigenen Rechts angesehen werden. War dies dem katholischen Verständnis durch den Begriff der „societas perfecta" schon immer geläufig, so hat sich die evangelische Kirchenrechtslehre dieser Auffassung jetzt auch erschlossen. Ob nach reformierter Auffassung die Ordnung der Kirche auf der Königsherrschaft Christi oder nach lutherischem Verständnis in Anwendung der Zwei-Reiche-Lehre auf der lex charitas als göttlichem Gesetz beruht, so wird doch allgemein auch nach evangelischer Auffassung das Kirchenrecht als ein in dieser Welt geltendes geistliches Recht vom staatlichen Recht unterschieden, die Eigenständigkeit des Kirchenrechts im Hinblick auf die Herleitung und Ausrichtung auf das göttliche Recht sowie die Gleichordnung von staatlichem und kirchlichem Recht und damit auch von Staat und Kirche als Rechtsgrößen betont.

Aus staatlicher Sicht dürften sich diesem *koordinationsrechtlichen* Verhältnis von Kirche und Staat keine überzeugenden Argumente entgegensetzen lassen. Der BGH hat im Urteil vom 16. 3. 1961 (BGHZ 34, 372) dieses Verhältnis zutreffend mit den Worten umschrieben: „Das Grundgesetz geht von der grundsätzlichen Gleichordnung von Staat und Kirche als eigenständigen Gewalten aus. Die Kirchen sind der staatlichen Hoheitsgewalt grundsätzlich nicht mehr unterworfen und regeln ihre Angelegenheiten selbständig und in eigener Verantwortung". Eine positiv-rechtliche Anerkennung hat die Allein- und Höchstzuständigkeit der Kirchen für ihren Bereich durch die jetzt für insgesamt vier Länder vorliegenden Staatskirchenverträge mit evangelischen Landeskirchen gefunden, die alle übereinstimmend in der Präambel bei der koordinationsrechtlichen Regelung die „Eigenständigkeit" der Kirchen zugrunde legen. Damit hat in der staatskirchenrechtlichen Terminologie die Sou-

veränität des Staates ihren Gegenbegriff in der Eigenständigkeit
der Kirchen gefunden.

Wenn dennoch im neueren Schrifttum von beachtlicher Seite
Bedenken *(A. Voigt, E. W. Fuß, R. Zippelius, H. Quaritsch)* gegen die Annahme einer Eigenständigkeit der kirchlichen Ordnung laut werden, so ist dies eine zu erwarten gewesene Gegen-
bewegung nach den seit 1945 oft allzu bereitwilligen Zugeständ-
nissen von staatlicher Seite an die Kirchen. Die genannten Stimmen, die ihre Bedenken vor allem auf die Unbeschränkbarkeit
der staatlichen Souveränität und die Einheit der Staatsgewalt
stützen, lassen m. E. aber bisher eine überzeugende Auseinandersetzung mit dem Charakter der kirchlichen Ordnung als eigen-
ständiger Rechtsordnung vermissen. Der dualistischen Rechts-
auffassung von staatlichem und kirchlichem Recht steht allerdings immer noch allzu leicht die in der überkommenen lega-
listischen Auffassung verwurzelte Verengung des Rechtsbegriffs
auf das mit äußeren Machtmitteln erzwingbare Recht entgegen,
aus der dann gefolgert wird, daß nach Art. 20 Abs. 2 GG das
Rechtssetzungsmonopol dem Staat zusteht und jede sonstige
Rechtssetzung sich vom staatlichen Recht herleiten müsse. Die
für den Staat angenommene Kompetenz-Kompetenz über alles
Recht besteht bei einer dualistischen Sicht von staatlichem und
kirchlichem Recht aber nicht und läßt ebensowenig eine Be-
rufung auf die verfassungsgebende Gewalt des Staates mit der
Möglichkeit einer künftig anderen verfassungsrechtlichen Ge-
staltung des staatskirchenrechtlichen Verhältnisses zu, es sei
denn, daß man die Möglichkeit vorstaatlichen Rechts *entgegen*
der erklärten Bindung des Grundgesetzes an dieses verneint.

Die Umschreibung des Verhältnisses von Staat und Kirche
als Koordinationsordnung gibt aber noch kein vollständiges
Bild von der gemeinsamen Ordnung, denn die Unabhängigkeit
und Eigenständigkeit der Kirchen bedeutet nicht, daß beide
Mächte beziehungslos und getrennt nebeneinander leben. Vielmehr haben sich die Kirchen gerade mit zunehmender Eigenständigkeit desto voller dem Staat und seinen Aufgaben zu-
gewendet. An die Stelle des — wohl mehr aus den zeitbedingten
Ressentiments gegen das politische System als gegen das verfas-

sungsrechtliche System — distanzierten Verhältnisses der Kirchen
zum Weimarer Staat ist seit 1945 ein bewußt positives Verhältnis
im Bewußtsein der gemeinsamen Verantwortung für die öffentliche Ordnung getreten. Wenngleich Staat und Kirche verschiedene
Ziele haben, so treffen sie sich doch unmittelbar in ihren Gliedern,
die den Forderungen beider Gewalten entsprechen müssen. Staat
und Kirche haben erkannt, daß diese Forderungen aufeinander
abgestimmt und zum Ausgleich gebracht werden müssen, wozu sie
sich der Vertragsform bedienen. In den Kirchenverträgen seit
1945 hat sich der Begriff des *freundschaftlichen Verhältnisses*
herausgebildet, der heute zum festen Sprachgebrauch der Kirchenverträge geworden ist. Unter diesem umfassenden Begriff
ist der gesamte Bereich der *gemeinsamen* Verantwortung von
Staat und Kirche in den sie *gemeinsam* berührenden Angelegenheiten, die *kirchliche* Mitwirkung in staatlichen und sonstigen
öffentlichen Einrichtungen und die Bereitschaft zur *gegenseitigen* Rücksichtnahme in allen Staat und Kirche zur eigenen Verantwortung überlassenen Angelegenheiten zu verstehen. Damit
ist die Bundesrepublik kein „christlicher Staat", der Zwecken
der Kirche dient oder das Christentum zum bestimmenden
Inhalt seiner Existenz gemacht hat, wie es in den totalitären
Staaten bei der in ihrem Bereich vertretenen Weltanschauung
der Fall ist, sondern sie ist ein Staat, der bei weltanschaulicher
Neutralität seine freiheitliche und soziale Ordnung auf die im
Volk lebendigen politischen, sittlichen und geistigen Kräfte
stützt; zu diesen tragenden Kräften der staatlichen Ordnung
gehört das in den beiden Kirchen verkörperte Christentum,
aus dem 95 % der Bevölkerung Maßstäbe für ihr sittliches Ver-
halten entnehmen. In welchem Maße dabei die Mitgliedschaft
der Gläubigen in einer der Kirchen noch von einer lebendigen
gläubigen Haltung getragen ist, kann und darf der Staat nicht
beurteilen. Das in unseren Tagen vielfach vorgetragene Argu-
ment, ein großer Teil der Kirchenglieder sei der Kirche längst
entfremdet und gehöre nur noch rein äußerlich zur Kirche, stellt
ohne Zweifel die Kirchen vor große pastorale Aufgaben und
muß in diesem Zusammenhang ernst genommen werden; es
kann jedoch nicht gegenüber dem Staate geltend gemacht werden, der wohl über die Kirchenmitgliedschaft im rechtlich-for-
malen Sinne, nicht aber über die Glaubensintensität seiner Bür-

ger etwas aussagen kann. Mit anderen Worten: solange jemand
einer bestimmten Religionsgemeinschaft angehört und nicht aus
ihr ausgetreten ist, muß er sich diese Mitgliedschaft zurechnen
lassen, auch wenn er innerlich der Glaubenswelt seiner Religionsgemeinschaft längst entfremdet ist.

Mit dem so umschriebenen freundschaftlichen Verhältnis von
Staat und Kirche ist das Element der Trennung im kirchenpolitischen System der Gegenwart stark zurückgetreten, so daß
man beim Versuch der Umschreibung des kirchenpolitischen
Systems auf diesen Begriff am besten ganz verzichtet. Eigenständigkeit und freundschaftliche Zuwendung kommen viel-
leicht am treffendsten im Begriff des *partnerschaftlichen* Verhältnisses zum Ausdruck, in dem sich die organisatorische Ent-
flechtung unter völliger Verselbständigung von Staat und Kirche
mit ihrer freundschaftlichen Verbundenheit im Interesse einer
gemeinsamen Ordnung der menschlichen Gemeinschaft in ihrer
weltlichen und geistlichen Existenz vereinigt.

b) Wurde der Begriff der Körperschaft des öffentlichen
Rechts als Crux der früheren Staatsrechtslehre bezeichnet
(*E. Forsthoff*), so gilt dies heute noch für seine Anwendung auf
die Kirchen. Der Begriff der öffentlich-rechtlichen Körperschaft
hat seit seiner Einführung in der Mitte des 19. Jahrhunderts
und besonders seit seiner positiv-rechtlichen Verwendung für
die Kirchen in Art. 137 Abs. 5 WeimRV zu zahllosen kontro-
versreichen Untersuchungen geführt, bei denen Einigkeit nur
darüber besteht, daß die Kirchen keine öffentlich-rechtlichen
Körperschaften i. e. S., d. h. öffentlich-rechtliche Verbände, die
staatliche Aufgaben mit hoheitlichen Mitteln unter staatlicher
Aufsicht wahrnehmen, sind. Man ist im allgemeinen bemüht,
einen eigenen materiellen Begriff der öffentlich-rechtlichen Körperschaft für die Kirchen zu entwickeln und gerät dann in die
aus der Weimarer Zeit her bekannten Schwierigkeiten mit der
Staatsaufsicht.

Im Anschluß an die vor allem von *H. Peters* auf der Mar-
burger Staatsrechtslehrertagung 1952 entwickelte Auffassung
werden die Kirchen vielfach als „mit eigenen, ursprünglichen,

hoheitlichen Funktionen ausgestattete juristische Personen" bezeichnet und daraus hergeleitet, daß die gesamte innere Ordnung der Kirchen ebenso wie ihre Ordnung zum Staat und zu
den Kirchenangehörigen öffentliches Recht sei. Den Kirchen
wird eine öffentlich-rechtliche Stellung kraft eigenen Rechts zugesprochen, die aber wegen ihrer Eigenständigkeit jede Staatsaufsicht grundsätzlich ausschließe. Dieser Auffassung ist zuzu-
geben, daß die kirchliche Ordnung eine eigenständige hoheit-
liche Ordnung ist — jedenfalls im Bereich des kanonischen
Rechts —, die sich in der kirchlichen Gesetzgebung, Rechtsprechung und Verwaltung darstellt. Jedoch läßt sie sich nicht
einfach in ihrer Gesamtheit dem öffentlichen Recht zurechnen,
da dieses eine Kategorie des weltlichen und damit des staatlichen
Rechtes ist und sich wesensmäßig vom kirchlichen Recht unter-
scheidet. Das von den Kirchen auf Grund ihrer originären Hoheitsgewalt gesetzte Recht ist kein öffentliches Recht im staatlichen Sinne, gleichgültig, ob es nach weltlicher Betrachtungs-
weise „öffentlich" oder „privat" sein würde. Die Kirche lebt aus
anderen Kräften und nach anderen Gesetzen als der Staat und
kann daher in ihrer Ordnung auch nicht an staatlichen Maß-
stäben gemessen werden. Verfügen nach der dualistischen Auffassung von staatlichem und kirchlichem Recht Staat und Kirche
jeweils frei über ihren Rechtsbereich, so kann es keinen ursprünglichen, sondern nur einen unter Mitwirkung des Staates
geschaffenen öffentlich-rechtlichen Status der Kirchen geben.

Eine andere Richtung in der heutigen Staatskirchenrechts-
lehre vertritt im Anschluß an *R. Smend* — im gleichen Sinne
hatte sich schon 1933 *E. R. Huber* gegen *G. J. Ebers* gewandt —
die Auffassung, daß die Kirchen einen vom Staat anerkannten,
also unter seiner Mitwirkung geschaffenen öffentlich-rechtlichen
Gesamtstatus haben, „welchen die Verfassung wegen der Bedeutung der Kirchen für das soziale Leben und für den Staat
selbst wegen ihres von der Verfassung als positiv bewerteten
öffentlichen Wirkens ausspricht". Auch diese Bestimmung des
Inhalts der Körperschaftsstellung vom Öffentlichen her kann
nicht überzeugen, weil das „Öffentliche" nicht mit dem „Öffentlich-Rechtlichen" gleichgesetzt werden kann. Eine Tätigkeit
wird weder durch das bloße öffentliche Interesse, das an ihr

besteht (vgl. Gewerkschaften, Wohlfahrtsträger), noch durch
den Umstand, daß sie sich in der Öffentlichkeit vollzieht und an
die Öffentlichkeit wendet (vgl. Parteien, Presse), zu einem
öffentlich-rechtlichen erheblichen Tatbestand. Ist das Wirken
der Kirchen für und in der Öffentlichkeit nach ihrem Verständnis selbstverständlich — wenn auch nicht erschöpfend für ihren
Auftrag —, so tritt sie deshalb doch noch nicht in den weltlichen Bereich des öffentlichen Rechts ein. Dies können sie erst
dann, wenn sie ein Mindestmaß an Integration in der staatlichen
Ordnung wahren. Öffentlich-rechtlicher Status setzt wesensmäßig einen auf das staatliche Interesse bezogenen Tätigkeits-
bereich und damit letztlich eine irgendwie geartete „Eingliede-
rung" in den Staatsorganismus voraus. Danach ist die Annahme
eines öffentlich-rechtlichen Gesamtstatus auf die Kirchen nicht
möglich.

Die Rechtsstellung der Kirchen als Körperschaft des öffentlichen Rechts kann vielmehr — wie schon vorhin für die
WeimRV unter Hinweis auf die Entstehungsgeschichte des
Art. 137 Abs. 5 nachgewiesen — nur als eine summarische Bezeichnung der Vorrechte und Begünstigungen verstanden werden, die die Kirchen im öffentlichen Recht haben. In der öffentlich-rechtlichen Stellung kommt nicht mehr zum Ausdruck, als
daß der Staat den Kirchen in Anerkennung ihrer fortbestehen-
den Bedeutung für die Öffentlichkeit bestimmte Vorrechte in
der staatlichen Rechtsordnung gewährt, die allerdings nicht
einseitig vom Staat verliehen, sondern mit den Kirchen ver-
einbart werden. Jede staatliche Anerkennung eines Sonderrechts
hat nämlich in der auf dem Grundsatz von Freiheit und Gleich-
heit begründeten Rechtsordnung eine staatliche Verantwortung
für den Gebrauch der Rechte zur Folge. Da der Staat den
Kirchen Rechte, die mit gewissen Pflichten verbunden sind, nicht
aufdrängen, sondern nur anbieten kann, läßt sich die Rechtsstellung der Kirchen als öffentlich-rechtliche Körperschaft weder
auf eine einseitige Verleihung durch den Staat, noch auf eine
Anerkennung bestehender, von der Kirche selbst geschaffener
Rechte, sondern nur auf eine von Staat und Kirche gemeinsam
vorgenommene Neuschöpfung von Rechten zurückführen.
Öffentlich-rechtliche Rechtspositionen einer Kirche sind also stets

das Ergebnis einer Zusammenarbeit von Staat und Kirche, und damit gewinnt auch die überlieferte Bezeichnung der Koordination von Staat und Kirche weiteren Sinn und Inhalt: Staat und Kirche stehen bei der Schaffung öffentlicher Rechte in notwendigem, gleichberechtigtem Zusammenwirken. Ist die öffentliche Rechtsstellung der Kirche auf bestimmtem Gebiet wirksam zustandegekommen, so handelt es sich um öffentliche Rechte, wie bei anderen öffentlich-rechtlichen Verbänden. Die daraus entstehenden Streitigkeiten des öffentlichen Rechts sind solche — wie hier zur Veranschaulichung eingeflochten werden darf — im Sinne des § 40 VwGO, mit der Folge, daß für sie die staatlichen Verwaltungsgerichte zuständig sind.

Der Kreis der damit für das öffentliche Recht in Betracht kommenden kirchlichen Angelegenheiten bleibt erheblich hinter ihrem Gesamtstatus zurück. Es zählen dazu alle, aber auch nur die Angelegenheiten, in denen die Kirchen den Kirchenangehörigen oder Dritten nicht nur als Glieder der Kirche, sondern auch als Staatsbürger verpflichten oder berechtigen, z. B. Kirchensteuer-, Friedhofsangelegenheiten, Erteilung des Religionsunterrichts, Unterhaltung von Hochschulen und Schulen, öffentliches Dienstrecht, jedoch mit Ausnahme des Pfarrerrechts, das ein Rechtsverhältnis sui generis darstellt (vgl. Pfarrerdienstgesetz der EKU vom 11. 11. 1960).

3. Auf Grund der recht verstandenen Eigenständigkeit und öffentlich-rechtlichen Stellung der Kirchen läßt sich auch der Umfang des *kirchlichen Selbstbestimmungsrechts* umschreiben. Soweit die Kirchen kraft eigenen Rechts in einem vom Staat wesensmäßig verschiedenen Bereich leben, scheidet jede Hoheit des Staats über sie aus. Dieser gesamte kirchliche Eigenbereich ist nicht ein vom Staat ausgesparter Raum, nicht eine den Kirchen vom Staat — wie etwa den politischen Gemeinden — eingeräumte Autonomie, die zur Disposition des Staates steht, sondern ein vor- bzw. außerstaatlicher Raum, in welchem dem Staat überhaupt keine Hoheit zusteht. Daher kann nicht anerkannt werden, daß sich die kirchliche Ordnung in ihrem Bereich wenigstens in ihrer Grundstruktur an die Grundordnung

des Staates, nämlich „das für die Gesamtnation als politische,
Kultur- und Rechtsgemeinschaft unentbehrliche Gesetz" *(Heckel)*
angleichen müsse, ja, daß es sich hierbei um grundsätzliche Nor-
men des Sozial- und Rechtsstaats handle, „die entweder jedes
Recht, auch das kirchliche Recht, mit Notwendigkeit enthalten,
oder die vom kirchlichen Recht stillschweigend oder ausdrück-
lich bejaht und in bezug genommen werden" (BGHZ 22, 381).
Eine so weitgehende Übertragung von Ordnungsgrundsätzen
typisch staatlichen Bezugs auf den kirchlichen Bereich ist nicht
vertretbar. Der Kirche steht die Unabhängigkeit vom Staat
nicht deshalb zu, weil sie insoweit ein besonderes Freiheitsprivi-
leg hat, sondern weil sie in Wesen und Ziel a n d e r s als der
Staat ist und der Staat daher weder berechtigt noch auch in der
Lage ist, auf die kirchliche Ordnung irgendwelchen Einfluß zu
nehmen. Die Kirche entzieht sich in ihrer Andersartigkeit jeder
Integration in die staatliche Ordnung; ein gemeinsamer Rechts-
boden für die staatliche und kirchliche Grundordnung könnte
sich nur im überpositiven natürlichen Recht finden, das jedoch
für den hier interessierenden Rechtsbereich selbst von der grundsätzlichen Unvereinbarkeit beider Ordnungen ausgeht. Damit
scheidet das „für alle geltende Gesetz" als Grenze des kirchlichen Selbstbestimmungsrechts für das Handeln der Kirchen in
ihrem Bereich aus, d. h. so lange und so weit die Kirchen ihre
Verfassung und Verwaltung und die Beziehung zu ihren An-
gehörigen als Glieder der Kirche regeln, sind sie von jeder staatlichen Bindung frei. Es überrascht, wenn man in dem erst kürz-
lich von der Hansestadt Hamburg zur Verleihung der öffentlich-rechtlichen Körperschaftsrechte an die katholischen Gemeinden in Hamburg ergangenen Gesetz vom 13. 4. 1962 findet,
daß die Verfassung der Kirchengemeinden, also eine rein innerkirchliche Angelegenheit, der staatlichen Genehmigung bedarf.
Abgesehen von dem für eine katholische Kirchengemeinde nicht
recht klaren Begriff der Verfassung dürfte damit jedenfalls eine
ganz ursprüngliche kirchliche Angelegenheit der Staatsaufsicht
unterstellt worden sein. Es wäre interessant zu erfahren, ob der
Staat hier bei der Genehmigung der sog. kirchlichen Verfassung
auf einer Berücksichtigung der Postulate der freiheitlichen rechts-

22

und sozialstaatlichen Grundordnung besteht oder gar noch weitergehende Forderungen aufstellt.

Dagegen untersteht die Kirche wie jeder andere innerstaatliche Rechtsträger der staatlichen Ordnung, soweit sie außerhalb des kirchlichen Eigenbereichs handelt und in den staatlichen Rechtsbereich eintritt, der ihr — auch das ist gegenüber früheren Beschränkungen (z. B. Amortisationsgesetzgebung, Niederlassungsverbot für Orden und Kongregationen) oder Beschränkungen in totalitären Staaten (z. B. Pressezensur, Vereins-, Sammlungs- oder Versammlungsverbot) für die Garantie der kirchlichen Freiheit wichtig — voll offensteht. In diesem weltlichen Bereich läßt sich eine Sonderstellung der Kirche gegenüber den anderen Rechtsunterworfenen nicht rechtfertigen und wird von ihr auch gar nicht beansprucht. Allein die Erwähnung der Kirchen in zahlreichen Gesetzen, wie z. B. Lastenausgleichsgesetz, Landbeschaffungsgesetz, Bundesleistungsgesetz, Bundesbaugesetz, ebenso wie die unbestrittene Anerkennung der allgemeinen Verwaltungsgesetze, wie z. B. des Bauordnungs-, Verkehrs-, Presse-, Vereins- oder Versammlungsrechts, zeigt, daß die Kirchen überall dort, wo sie in den staatlichen Bereich eintreten, der staatlichen Hoheit unterstehen. Dies ist wohl auch dort der Fall, wo die Kirchen in der Form des öffentlichen Rechts tätig werden, denn mit der Anwendung des öffentlichen Rechts werden die Kirchen auf dem Boden der allgemeinen Rechtsordnung tätig und unterstellen sich dessen Vorschriften, soweit sie allgemein für öffentlich-rechtliche Verbände gelten. Über die gemeinsam geschaffene öffentliche Rechtsposition hinaus ist dagegen jede staatliche Aufsicht im Rahmen der öffentlichen Körperschaftsaufsicht ausgeschlossen.

Voraussetzung für die Praktikabilität der so erfolgten Abgrenzung des staatlichen und des kirchlichen Bereichs ist die Verständigung zwischen Staat und Kirche über die Grenzen. Das „iudicium finium regundorum" kann in einer Koordinierungsordnung nicht mehr dem Staat zugestanden werden, wenn die Entscheidung auf Grund seiner größeren Machtfülle auch häufig von ihm beansprucht wird. Hier liegt vielmehr die praktische Bedeutung der Kirchenverträge und Konkordate, die der geeignete Ort für eine Grenzziehung zwischen staatlichen und kirchlichen Angelegenheiten sind. Zwar werden die Kirchenverträge und Konkordate nicht erschöpfend alle denkbaren Grenzfälle regeln können, doch wäre wünschenswert, wenn in praktisch bedeutsamen Grenzfällen, wie im Schul-, Hochschul-, Sozial- oder Steuerrecht, in geeigneter Form eine Verständigung über die Abgrenzung des staatlichen und des kirchlichen Zuständigkeitsbereichs erfolgte. Eine solche vertragliche Regelung wäre jedenfalls wichtiger als die bloße Wiederholung des Wortlauts des Art. 137 Abs. 3 WeimRV in den Verträgen. In gleicher Weise wäre auch eine Konkretisierung des öffentlich-rechtlichen Status der Kirchen in den Verträgen, an Stelle der bloßen Wiederholung der unklaren Bezeichnung der Kirchen als Körperschaften des öffentlichen Rechts, wünschenswert.

Das Vertragskirchenrecht ist jedenfalls heute die allein denkbare Grundlage für die Regelung des Verhältnisses von Staat und Kirche. Es ist geeignet, der Gefahr einer Erstarrung des Staatskirchenrechts in formelhaften Inhalts- und Begriffsbestimmungen zu begegnen und die Entwicklung eines den lebenswichtigen Interessen von Staat und Kirche entsprechenden Ausgleichs und einer Zuordnung der beiderseitigen Bereiche offen zu halten. Das Vertragskirchenrecht bietet die Grundlage für eine organische und harmonische Zusammenarbeit von Staat und Kirche im Interesse und zum Nutzen des ihnen jeweils in ihrem Bereich erteilten Auftrags.

Freilich, so bedeutsam der in dieser Entwicklung deutlich gewordenen staatskirchenrechtliche Wandlungsprozeß, der sich in unserer Zeit vollzogen hat und weiter vollziehen wird, für das Verhältnis von Kirche und Staat in der Bundesrepublik auch immer sein mag, so sagt er doch letztlich über den eigentlichen Status der Kirche in dieser Welt nichts Endgültiges aus. Auch die beste verfassungsrechtliche Regelung des Verhältnisses von Kirche und Staat vermag nicht die wirkliche Situation der Kirche in der Welt zu umreißen. Die Kirche wird nie vergessen dürfen, daß ihre eigentliche Situation in der Welt die Situation der Diaspora ist, und daß kirchliches Denken und Handeln von dieser Tatsache auszugehen hat. Als eschatologische

Heilsgemeinde ist die Kirche nicht von dieser Welt, wohl aber in dieser Welt. Sie weiß um die Vorläufigkeit und Endlichkeit aller irdischen Ordnungen, aber sie weiß auch, daß die vorläufigen und endlichen Ordnungen dieser Welt unter die Herrschaft Gottes gestellt sind.